essentials

Essentials liefern aktuelles Wissen in konzentrierter Form. Die Essenz dessen, worauf es als „State-of-the-Art" in der gegenwärtigen Fachdiskussion oder in der Praxis ankommt. *Essentials* informieren schnell, unkompliziert und verständlich

- als Einführung in ein aktuelles Thema aus Ihrem Fachgebiet
- als Einstieg in ein für Sie noch unbekanntes Themenfeld
- als Einblick, um zum Thema mitreden zu können

Die Bücher in elektronischer und gedruckter Form bringen das Fachwissen von Springerautor*innen kompakt zur Darstellung. Sie sind besonders für die Nutzung als eBook auf Tablet-PCs, eBook-Readern und Smartphones geeignet. *Essentials* sind Wissensbausteine aus den Wirtschafts-, Sozial- und Geisteswissenschaften, aus Technik und Naturwissenschaften sowie aus Medizin, Psychologie und Gesundheitsberufen. Von renommierten Autor*innen aller Springer-Verlagsmarken.

Bernhard Wecke

Generative KI als neues Teammitglied im Marketing

Ein Leitfaden für
Marketingmanger:innen

Bernhard Wecke
IU Internationale Hochschule
München, Deutschland

ISSN 2197-6708   ISSN 2197-6716 (electronic)
essentials
ISBN 978-3-658-44178-4   ISBN 978-3-658-44179-1 (eBook)
https://doi.org/10.1007/978-3-658-44179-1

Die Deutsche Nationalbibliothek verzeichnet diese Publikation in der Deutschen Nationalbibliografie; detaillierte bibliografische Daten sind im Internet über http://dnb.d-nb.de abrufbar.

Planung/Lektorat: Rolf-Guenther Hobbeling
Springer Gabler ist ein Imprint der eingetragenen Gesellschaft Springer Fachmedien Wiesbaden GmbH und ist ein Teil von Springer Nature.
Die Anschrift der Gesellschaft ist: Abraham-Lincoln-Str. 46, 65189 Wiesbaden, Germany

Das Papier dieses Produkts ist recyclebar.

Was Sie in diesem *essential* finden können

- **Relevanz und Fokusgebiete** von Generativer Künstliche Intelligenz für Marketing
- Mensch und Technologie – **Änderungen** im Marketingprozess
- Das **Kompetenzprofil** von Marketingmanager:innen
- Prozesse und Strukturen – **Neue Anforderungen** an die Marketingorganisation

Inhaltsverzeichnis

Einführung

1

Ende 2022 erlebte der Bereich der künstlichen Intelligenz einen Wende-
punkt, als OpenAI die neueste Version von ChatGPT vorstellte. Dieses
Ereignis hatte tiefgreifende Auswirkungen auf die öffentliche Wahrnehmung von Künstlicher Intelligenz. Generative Künstliche Intelligenz, die
sich durch die Fähigkeit auszeichnet, neue und vielfältige Inhalte zu schaffen, läutet eine neue Ära des technologischen Fortschritts ein. Ihre Anwendung im Marketing, insbesondere bei der Produktion von Inhalten, der
Personalisierung von Kampagnen und der Automatisierung von Prozessen,
zeigt sowohl ihr Potenzial als auch die Notwendigkeit, Herausforderungen
wie Qualitätssicherung und ethische Aspekte anzugehen.

Im Bereich der Künstlichen Intelligenz (KI) gab es Ende 2022 ein bemerkens-
wertes Ereignis. OpenAI, ein bis dahin weitgehend unbekanntes amerikanisches
Softwareunternehmen, stellte seine neueste Version von ChatGPT der Öffent-
lichkeit vor. Innerhalb von nur fünf Tagen nach der Veröffentlichung konnte
diese Plattform mehr als eine Million Nutzerinnen und Nutzer gewinnen, eine
Geschwindigkeit, die selbst von bekannten Plattformen wie Instagram oder Spo-
tify nicht erreicht wurde. Dieses Phänomen unterstreicht den tiefgreifenden
Einfluss, den Generative KI-Modelle, insbesondere solche, die auf dem Sprach-
modell GPT (Generative Pre-trained Transformer) basieren, auf die öffentliche
Wahrnehmung und Diskussion von KI haben. Diese Technologien zeichnen
sich durch fortgeschrittene linguistische Fähigkeiten und vielseitige Einsatzmöglichkeiten aus, was darauf hindeutet, dass wir uns in einer Zeit tiefgreifender

Veränderungen befinden, die unsere Zukunft maßgeblich beeinflussen werden. Dieser Wandel zeigt sich sowohl in der allgemeinen Anwendung von KI als auch in spezifischen Entwicklungen im Bereich der Generativen KI (Reese und Mükusch 2023).

Was verbirgt sich hinter Generativer KI?
Die Erstellung von Inhalten – seien es Texte, Bilder oder Videos – wird durch den Einsatz von Generativer KI wesentlich effizienter und erreicht ein Qualitätsniveau, das manuell nur schwer zu erreichen wäre. Durch die Kombination von KI-Techniken wie maschinelles Lernen (ML) und tiefes Lernen (Deep Learning) mit großen Datenmengen ist Generative KI in der Lage, selbstständig neue Inhalte zu erstellen, die kohärent, relevant und spezifisch sind. Generative KI kann verschiedene Arten von Inhalten erzeugen, darunter Texte, Computergrafiken, Musik und sogar Codes für die Softwareentwicklung. Sie ist ein spezieller Bereich der KI, der sich auf die Erzeugung neuer Inhalte auf der Grundlage gelernter Daten konzentriert. Es geht also nicht nur darum, einfache Muster in Daten zu erkennen und darauf basierend Entscheidungen zu treffen, wie es bei der Anwendung konventioneller KI häufig der Fall ist. Vielmehr besteht die Fähigkeit der KI darin, auf der Grundlage von Eingabedaten komplexe und originelle Inhalte zu generieren. Aufgrund dieser Eigenschaften hat die KI das Potenzial, die Produktivität von Arbeitnehmer:innen zu steigern und das Wachstum von Unternehmen zu fördern. In der Studie von Juniper Networks (2022) geben zwar 41 % der Befragten an, die Anzahl der Mitarbeiter:innen im Marketing reduzieren zu wollen. Allerdings wollen 69 % der Befragten die Einsparungen in die Verbesserung des Kundenerlebnisses und der Angebote investieren, um zusätzliches Wachstum zu generieren.

Anwendungsmöglichkeiten von Generativer KI im Marketing
Generative KI wird das Marketing durch ihre vielfältigen Einsatzmöglichkeiten, die weit über den Einsatz herkömmlicher KI-Modelle hinausgehen, sehr stark verändern (Abb. 1.1).

Ein zentrales Anwendungsgebiet ist die Erstellung von Inhalten. Generative KI kann schnell und effizient eine Vielzahl von Inhalten wie Texte, Bilder, Videos und Sprachaufnahmen produzieren. Dies ermöglicht Marketingteams eine konsistente und markenkonforme Kommunikation über verschiedene Plattformen und Kampagnen hinweg. Ein weiterer wichtiger Bereich ist die Personalisierung von Marketingkampagnen. Durch die Analyse von Kundendaten und die Ermittlung individueller Präferenzen ermöglicht die Generative KI die Entwicklung zielgerichteter, personalisierter Strategien, die das Kundenerlebnis verbessern und die

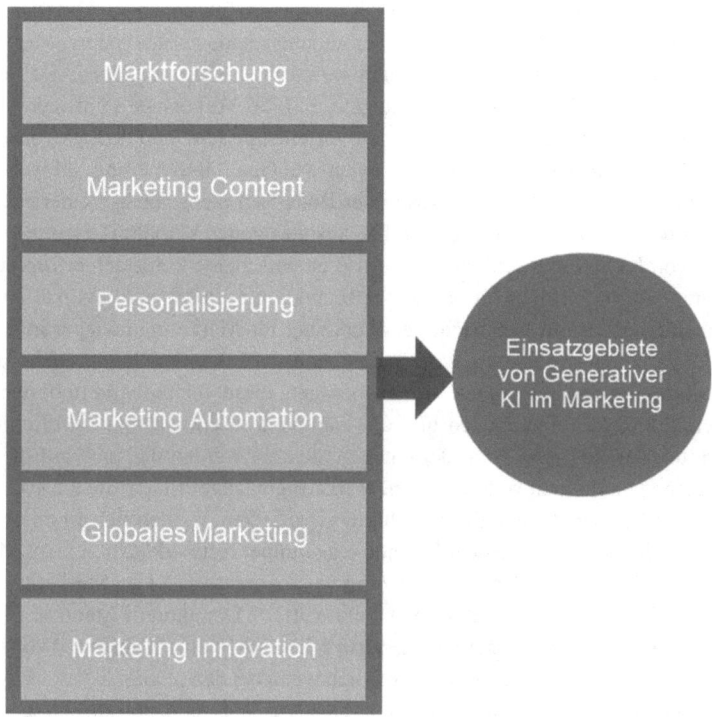

Abb. 1.1 Auswahl an Einsatzgebieten von Generativer KI im Marketing

Konversionsraten erhöhen können. Auch die Automatisierung von Marketingprozessen ist ein wesentlicher Vorteil. Generative KI übernimmt Routineaufgaben wie das Verfassen von E-Mails, das Erstellen von Werbetexten oder das Generieren von Social-Media-Posts und setzt so wertvolle Zeit und Ressourcen für strategischere Aufgaben frei. Hervorzuheben ist auch der Einsatz von Generativer KI in Sprach- und Übersetzungsdiensten. Sie erleichtert die Regionalisierung von Marketingkampagnen und hilft Unternehmen, einen größeren Markt zu erreichen, indem sie Marketinginhalte in verschiedene Sprachen übersetzt und dabei unterschiedliche Kulturen berücksichtigt. Im E-Commerce kann Generative KI individuelle Produktbeschreibungen und Bilder erstellen, die speziell auf Kundensegmente zugeschnitten sind. Dies stärkt die Kundenbindung und erhöht die Markentreue. Darüber hinaus fördert Generative KI die Kreativität von Marketingteams. Sie unterstützt bei der Entwicklung neuer Ideen oder der Erweiterung bestehender Konzepte, was zu innovativen und einzigartigen Kampagnen führen kann. Die Fähigkeit der Generativen KI, Marktdaten und Verbrauchertrends zu analysieren, ist ebenfalls von unschätzbarem Wert. Sie kann wertvolle Einblicke liefern, die für die Entwicklung effektiver Marketingstrategien und die Vorhersage künftiger Trends unerlässlich sind. Trotz dieser vielfältigen Vorteile müssen beim Einsatz von Generativer KI im Marketing Herausforderungen wie Qualitätssicherung, ethische und datenschutzrechtliche Bedenken sowie der Bedarf an menschlicher Überwachung und Kontrolle berücksichtigt werden. Ein ausgewogenes Verhältnis zwischen dem Einsatz von KI und menschlicher Expertise ist entscheidend für den erfolgreichen und verantwortungsvollen Einsatz dieser Technologie (Fritzl und Pavlovic 2023).

Generative KI stellt ein mächtiges Werkzeug für Marketingmanager:innen dar und ihre Rolle und Bedeutung wird in den nächsten Jahren nochmals stark zunehmen. Marketingmanagerr:innen sollten anfangen, diese Technologie in bestehende Marketingpraktiken einzubetten und die Fähigkeit zu entwickeln, sie effektiv zu nutzen, um den heutigen Anforderungen gerecht zu werden und sich auf die Veränderungen von morgen vorzubereiten. Marketingmanager:innen, die diese Chance ergreifen und lernen, Generative KI effektiv einzusetzen, werden sich einen erheblichen Wettbewerbsvorteil verschaffen können (Juniper Networks 2022). Trotz dieser Potenziale und Vorteile steckt die Nutzung von Generativer KI im Marketing noch in den Kinderschuhen (Marketing AI Institute 2023). Der aktuelle Stand zeigt, dass viele Unternehmen noch zögern, Generative KI einzusetzen, oft aufgrund von Unsicherheiten oder fehlendem Know-how. Auch wenn bei den „Early Adopters" schon 25 % Generative KI einsetzen (Brinker und Kelly 2023), zeigt sich ein sehr geringer Durchdringungsgrad bei einem Großteil der Marketing Use Cases (Gartner 2022b).

Das moderne Marketing verbindet Kreativität und datenbasiertes Arbeiten. Generative KI ist das ideale Werkzeug, um Marketingmanager:innen hierbei zu unterstützen (Katzin et al. 2023).

Auswirkungen von Generativer KI auf Marketingorganisationen

2

Die Nutzung von Generativer KI hat signifikanten Einfluss auf die Gestaltung des Marketingprozesses. Das Zusammenspiel von Technologie und Mensch muss dabei neu definiert werden. Dadurch verändern sich die Erwartungen an die Kompetenzen von Marketingmanager:innen und bringen neue Rollenprofile hervor. Darüber hinaus werden auch strukturelle Auswirkungen auf die Aufbauorganisation der Marketingabteilungen erwartet.

2.1 Marketingprozess

Chief Marketing Officers (CMOs) sind zunehmend davon überzeugt, dass Generative KI eine Schlüsselrolle bei der Bewältigung operativer Aufgaben spielen wird. Gleichzeitig steigen die Anforderungen ans Marketing durch die Stakeholder in Bezug auf Profitabilität, Wirkungsnachweis und Anpassungsfähigkeit. Sie erwarten, dass Prozesse schneller und effizienter abgewickelt werden können. Darüber hinaus soll Generative KI den Mitarbeiter:innen Zeit für wertschöpfendere Aufgaben verschaffen. Diese Erwartungen setzen CMOs unter Druck, die denkbaren Produktivitäts- und Kreativitätspotenziale optimal zu nutzen (Ratajczak et al. 2023).

5

Technologieeinsatz – Integration vs. Stand-alone
Die Integration von KI in bestehende Workflow-Systeme erfordert eine sorgfältige Abstimmung zwischen menschlichen und maschinellen Aufgaben. Die Ausgestaltung des Marketingprozesses wird durch die unterschiedlichen Ansätze möglicher technologischer Strategien beeinflusst: Standalone-Anwendungen, die als isolierte KI-Programme fungieren, und integrierte Anwendungen, die in bestehende Systeme eingebettet sind. Während eigenständige Anwendungen oft klar abgegrenzt sind, sind integrierte Anwendungen für Nutzer:innen weniger sichtbar und häufig in komplexe Systeme wie digitale Werbeplattformen eingebettet (Davenport et al. 2021). Bei der Entscheidung für einen der beiden Ansätze und der anschließenden Implementierung müssen die Auswirkungen auf den Marketingprozess und der (sich verändernde) Beitrag der Marketingmanager:innen berücksichtigt werden.

Neugestaltung des Marketingprozesses – Hybridprozesse
Die Neugestaltung des Marketingprozesses durch einen hybriden Ansatz, der die Zusammenarbeit von Menschen und generativer KI umfasst, stellt einen grundlegenden Wandel dar (Abb. 2.1). Bei diesem Ansatz ergänzen sich menschliche Kreativität und strategisches Denken mit der Effizienz und Datenverarbeitungskapazität von KI. Marketingmanager:innen nutzen KI für Aufgaben wie Datenanalyse, Segmentierung und Erstellung von Content. Dabei analysiert KI große Datenmengen, erkennt Muster und liefert detaillierte Erkenntnisse, die für die strategische Planung und Zielgruppenansprache unerlässlich sind. Gleichzeitig bleibt die menschliche Expertise zentral, um die von der KI generierten Informationen zu interpretieren, kreative Entscheidungen zu treffen und die Markenidentität zu wahren. Der hybride Ansatz ermöglicht eine stärkere Personalisierung der Kundenansprache, da KI-Tools eine individualisierte Kommunikation auf der Grundlage von Kundenverhalten und -präferenzen ermöglichen. Dies führt zu einer effektiveren und zielgerichteteren Kundeninteraktion. Darüber hinaus ermöglicht dieser Ansatz Marketingmanager:innen, sich auf komplexere, wertschöpfende Aufgaben zu konzentrieren, während die KI repetitive und analytische Aufgaben übernimmt (Kowalczyk et al. 2023).

Insgesamt führt der hybride Ansatz zu einer agileren, datengesteuerten Marketingstrategie, bei der KI und menschliche Fähigkeiten synergetisch zusammenarbeiten, um Innovationen voranzutreiben und die Effizienz zu steigern.

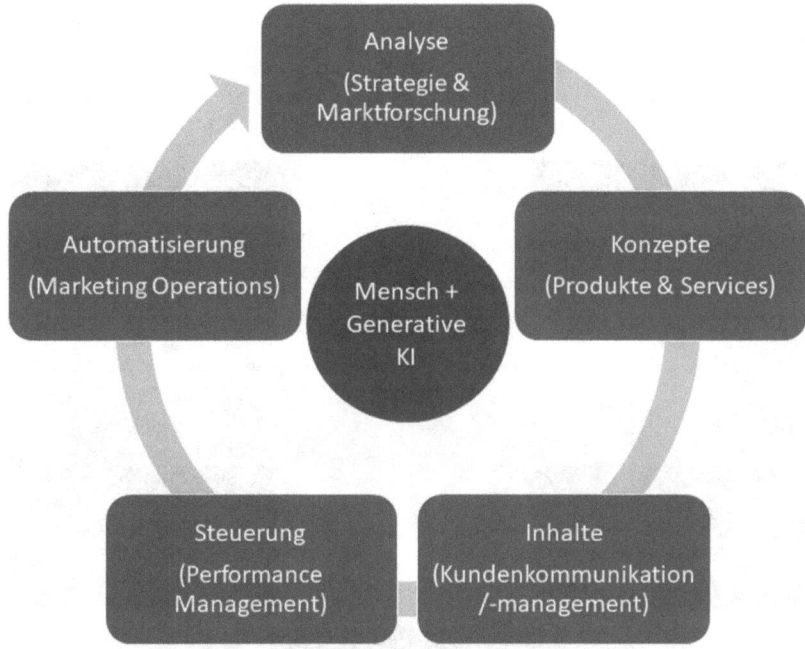

Abb. 2.1 Zusammenspiel von Mensch und Technologie im Marketingprozess

Beispiel für Änderungen im Marketingprozess
Ein Beispiel für die Veränderung im Marketingprozess durch den Einsatz von Generativer KI ist die zunehmende Nutzung als assistierende Technologie. Unternehmen setzen sie ein, um erste Entwürfe zu erstellen, Hypothesen zu generieren oder Experten bei der schnelleren und besseren Ausführung von Aufgaben zu unterstützen (McKinsey Digital 2023). In Verbindung mit der Kreativmethode Design Thinking kann Generative KI Marketingteams zu neuen Lösungswegen führen (Abb. 2.2).
  Im folgenden Beispiel wird das konkrete Vorgehen schrittweise erläutert.

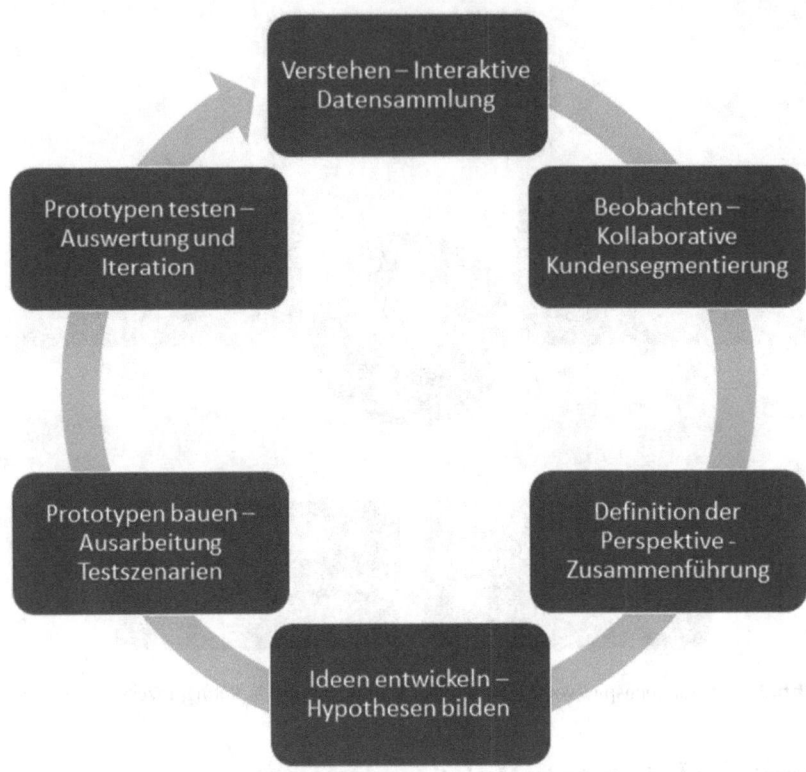

Abb. 2.2 Neue Marketinglösungen entwickeln – Design Thinkong und Generative KI

Use Case: Experimenteller Ansatz im Marketing mit Generativer KI und Design Thinking (Hasso-Plattner-Institut o. D.)

Der experimentelle Ansatz zur Integration generativer KI im Marketingprozess betont die Synergie zwischen Technologie und menschlichem Fachwissen. Hierbei arbeiten Marketingmanager:innen eng mit der KI zusammen, um datenbasierte Strategien zu entwickeln und umzusetzen.

Schritt 1 – Verstehen: Interaktive Datensammlung – Marketingmanager:innen arbeiten mit der KI zusammen, um Kundendaten aus vielfältigen Quellen zu sammeln und zu analysieren. Während die KI große Datenmengen verarbeitet, nutzen die Manager:innen ihr Fachwissen, um die Qualität der Daten zu bewerten und relevante Informationen zu extrahieren. Diese enge Zusammenarbeit trägt dazu bei, die Genauigkeit der Datenerfassung und -interpretation zu verbessern und legt die Grundlage zur Entwicklung eines tiefergehenden Verständnisses des Marktes und der Kund:innen.

Schritt 2 – Beobachten: Kollaborative Kundensegmentierung – Marketingmanager:innen nutzen die in Schritt aufgebaute Datenbasis, um die Kundendaten zu segmentieren, wobei sie aktiv in den Prozess eingreifen, um die Segmentierungskriterien zu definieren und anzupassen. Die KI unterstützt durch automatisierte Analysen, während die Manager:innen ihr Branchenwissen und ihre Erfahrung einbringen, um die Segmente zu verfeinern und zu validieren.

Schritt 3 – Definition der Perspektive: Zusammenführung der Erkenntnisse – Die Marketingmanager:innen extrahieren und priorisieren aus den Erkenntnissen der Phasen „Verstehen" und „Beobachten" die aus ihrer Sicht relevanten Trends und Muster. Dieses Verständnis der Kundenbedürfnisse und des Marktumfelds ermöglicht es, genaue Kundenprofile zu generieren und Marktchancen zu identifizieren.

Schritt 4 – Ideen entwickeln und Hypothesen bilden – In diesem Schritt definieren die Marketingmanager:innen Hypothesen und priorisieren Testszenarien im Hinblick auf das relevante Zielsystem.

Schritt 5 – Prototypen bauen und Testszenarien ausarbeiten – Design und Implementierung von A/B-Testkampagnen – Die Marketingmanager:innen nutzen die KI, um beispielsweise zwei oder mehr Versionen von Marketingkampagnen für jedes Segment zu entwerfen. Dabei übernehmen sie die kreative und strategische Leitung, während die KI datenbasierte Vorschläge und Analysen liefert. Die Marketingmanager:innen bewerten und optimieren die von der KI generierten Kampagnenvorschläge und stellen die Markenkonformität sicher.

Schritt 6 – Prototypen testen und Auswertung sowie Iteration im Team – Nach der Durchführung der Kampagnen werten die Marketingmanager:innen gemeinsam mit der KI die Ergebnisse aus. Die KI liefert detaillierte Analysen und Einblicke, während die Manager:innen ihr Fachwissen einsetzen, um die Daten zu interpretieren und Schlussfolgerungen für zukünftige Strategien zu ziehen. Dieser iterative Prozess ermöglicht es, kontinuierlich von den Stärken von Mensch und Maschine zu lernen und zu profitieren.◄

Dieser experimentelle Ansatz unterstreicht die Bedeutung der Zusammenarbeit zwischen generativer KI und Marketingmanager:innen. Durch die Kombination von KI-gestützter Datenanalyse und menschlicher Expertise können effektivere, personalisierte und anpassungsfähigere Marketingstrategien entwickelt werden. Die Rolle der Marketingmanager:innen verschiebt sich dabei von der operativen Ausführung hin zur strategischen Steuerung und Optimierung des Einsatzes von KI im Marketing.

2.2   Marketingkompetenzen

Marketingabteilungen spielen häufig eine Vorreiterrolle bei der Einführung neuer digitaler Technologien wie die der Generativen KI. Dieses Engagement geht einher mit einem wachsenden Bedarf an der Fähigkeit, KI-Technologien effektiv zu bewerten und zu erwerben. Marketingmanager:innen müssen sich mit den neuesten Entwicklungen in der KI-Technologie vertraut machen, um deren Potenzial für spezifische Marketinganforderungen einschätzen zu können. Dies erfordert ein tiefgreifendes Verständnis der Funktionsweise und der Anwendungsmöglichkeiten von KI, um fundierte Entscheidungen über Investitionen in diese Technologien treffen zu können.

Es ist von entscheidender Bedeutung, dass Unternehmen sowohl ihre Mitarbeiter:innen als auch ihre Kund:innen umfassend über die Funktionsweise, den Nutzen und die potenziellen Risiken von KI informieren und dadurch notwendige Kompetenzen ausbilden. Schulungen spielen eine zentrale Rolle, um Ängste und Vorbehalte abzubauen und ein Verständnis für die Möglichkeiten und Grenzen von KI zu schaffen (Hellfritz 2023). Für Marketingmanager:innen bedeutet dies eine Erweiterung ihrer Rolle, da sie in der Lage sein müssen, komplexe KI-Konzepte verständlich zu vermitteln, um bei der Integration von KI in den Marketingprozess unterstützend wirken zu können. Die Rolle entwickelt sich somit zu einer Schnittstellenfunktion zwischen technologischem Know-how und strategischer Marketingplanung. Sie müssen sowohl innerhalb des Unternehmens als auch gegenüber den Kund:innen als kompetente Ansprechpartner:innen für KI-Fragen fungieren und gleichzeitig sicherstellen, dass KI-Technologien effektiv und ethisch verantwortungsvoll eingesetzt werden.

Radikale Veränderung von Jobs

Laut einer Umfrage unter Personalverantwortlichen in Deutschland gehen 94 % der Befragten davon aus, dass durch den Einsatz von Generativer KI in den nächsten drei bis fünf Jahren neue Jobprofile entstehen werden. Dies zeigt, dass sich

Marketingmanager:innen auf einen Personalmarkt einstellen müssen, in dem KI-basierte Kompetenzen zunehmend wichtiger werden. Tatsächlich erwarten 69 % der Befragten in Zukunft KI-Kompetenzen im Marketingbereich, was die Notwendigkeit für Marketingmanager:innen unterstreicht, sich mit KI-Technologien vertraut zu machen (Hellfritz 2023).

Für einige könnte dies eine grundlegende Veränderung ihrer Rolle bedeuten, während es für andere eher darum geht, wie sie ihre Zeit verbringen (Ellingrud et al. 2023). Eine Studie des MIT hat gezeigt, dass die Nutzung von ChatGPT zu einer höheren Produktivität und Arbeitszufriedenheit führt. 80 % der befragten Akademiker entschieden sich, ChatGPT für ihre Aufgaben zu nutzen und erledigten diese im Durchschnitt 35 % schneller als ohne KI. Die Qualität der Ergebnisse verbesserte sich ebenfalls. Interessanterweise profitierten vor allem Beschäftigte mit niedrigeren Qualifikationen vom Zugang zu ChatGPT, was darauf hindeutet, dass KI zur Verringerung von Qualifikationsungleichheiten beitragen kann (Schmitt 2023).

Gleichzeitig gibt es Bedenken, insbesondere unter operativ tätigen Marketing-fachleuten, hinsichtlich eines möglichen Rückgangs menschlicher Kreativität und Kompetenz sowie der Verletzung der Rechte von Kreativen. Dies unterstreicht die Notwendigkeit für Marketingmanager:innen, ein Gleichgewicht zwischen dem Einsatz von KI und der Bewahrung menschlicher Kreativität und ethischer Standards zu finden (Hanway 2023).

In dieser sich verändernden Landschaft müssen Marketingmanager:innen nicht nur KI-Technologien adaptieren und nutzen, sondern auch strategisch darüber nachdenken, wie diese Technologien ihre Arbeit ergänzen und verbessern können, ohne dabei die menschliche Komponente des Marketings zu vernachlässigen.

Chance für Marketingmanger:innen
In der Rolle der Marketingmanager:innen wird der positive Einfluss von KI-Lösungen, die zur Unterstützung operativer Aufgaben implementiert werden, deutlich sichtbar. Fast alle Führungskräfte im Bereich KI und ML (97%) bestätigen, dass die Mitarbeiterzufriedenheit seit der Einführung von KI-Lösungen gestiegen ist. Dies zeigt, dass der Einsatz von KI nicht nur zur Effizienzsteigerung beiträgt, sondern auch das Arbeitsumfeld für die Mitarbeiter verbessert. Marketingmanager:innen können von der Entlastung durch automatisierte Prozesse profitieren, wodurch mehr Zeit für strategische und kreative Aufgaben bleibt (Juniper Networks 2022).

Darüber hinaus sind sich fast alle KI- und ML-Führungskräfte einig (95 %), dass KI nicht eingesetzt wird, um menschliche Arbeitskräfte zu ersetzen, sondern vielmehr dazu beiträgt, die Arbeitserfahrung zu verbessern und den Mitarbeiter:innen

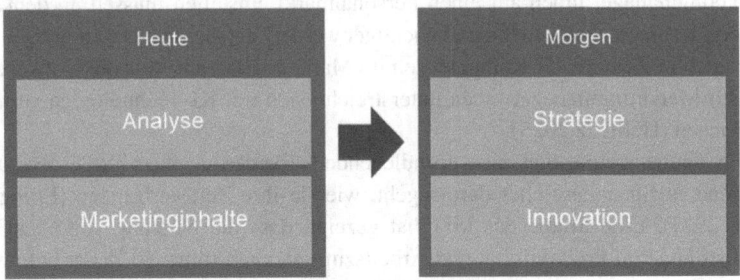

Abb. 2.3 Marketingkompetenzen – der neue Fokus

die Möglichkeit bietet, sich auf andere Bereiche zu konzentrieren. Für Marketing-
manager:innen bedeutet dies, dass sie KI als ein Werkzeug betrachten können, das
ihre Fähigkeiten erweitert und ergänzt. Anstatt KI als Bedrohung für ihre Arbeits-
plätze zu sehen, können sie sie als Chance nutzen, sich auf strategisch wichtigere
Bereiche wie innovatives Denken, kreative Problemlösung und die Verbesserung
des Kundenerlebnisses zu konzentrieren (Juniper Networks 2022) (Abb. 2.3).

Diese Entwicklung ermöglicht es Marketingmanager:innen, ihre Rolle neu zu
definieren und sich als strategische Denker und Innovatoren zu positionieren,
die technologische Fortschritte nutzen, um effektivere und kundenorientiertere
Marketingstrategien zu entwickeln (Braithwaite 2023).

Neue Jobprofile
Mit der zunehmenden Akzeptanz und Nutzung von KI in Unternehmen können sich
die Mitarbeiter:innen stärker auf strategisch wichtigere Bereiche konzentrieren, wie
die Förderung von Innovation und Kreativität, das Erlernen neuer Fähigkeiten, die
Verbesserung des Kundenerlebnisses und die Steigerung des Mitarbeiterengage-
ments. Parallel dazu kommt es zu einer steigenden Nachfrage nach Fachkräften in
den Bereichen maschinelles Lernen, Datenwissenschaft, natürliche Sprachverarbei-
tung und verwandten Tools, die derzeit das Angebot übersteigt (Juniper Networks
2022).

Moderne Marketingmanager:innen müssen über eine ganzheitliche Sichtweise
verfügen, die einen kundenorientierten Ansatz und eine starke Fokussierung auf
den ROI beinhaltet, aber auch die Notwendigkeit, neue Allianzen und Netzwerke
zu schmieden. Zu den operativen Aspekten gehören nun verstärkt das Design und
die Kultur der Organisation, die Umsetzung agiler Marketingmethoden in großem

Maßstab, das Talent- und Agenturmanagement sowie eine Fokussierung auf Daten und Technologie (Armstrong et al. 2020).

Die menschliche Kontrolle über KI-generierte Inhalte wird von den meisten Marketingexpert:innen als notwendig erachtet. Sie müssen verstehen, wie die Anwendungen der Generativen KI die optimalen Antworten oder das gewünschte Bild erzeugen. Darüber hinaus stellen sie sicher, dass die KI weiter trainiert wird, um sie an die Bedürfnisse ihres Unternehmens anzupassen, und dass sie ihre Kolleg:innen bei der effektiven Nutzung dieser Tools unterstützen. Ein wichtiges neues Element ist dabei die Ausbildung der Kompetenz des Prompt Engineerings, das sich auf den Prozess des Entwerfens, Verfeinerns und Optimierens von Eingabeaufforderungen zur Steuerung eines Generativen KI-Modells bezieht, um gewünschte und genaue Ergebnisse zu erzielen.

Fazit

Die Nutzung von generativer KI erfordert neue Kompetenzen von Marketingmanager:innen:

- **Strategische Fähigkeiten:** Verstärkter Fokus auf strategische Planung und Kundenbindung.
- **Technologisches Verständnis:** Fähigkeit, KI-Technologien zu bewerten und effektiv einzusetzen.
- **Kreatives Denken:** Trotz der Unterstützung durch KI bleibt kreatives Denken für die Entwicklung innovativer Marketingstrategien unerlässlich.
- **Datenanalyse:** Kompetenz im Umgang mit großen Datenmengen und deren Interpretation.
- **Prompt Engineering:** Fähigkeit, effektive Eingabeaufforderungen für generative KI-Modelle zu entwerfen.
- **Weiterbildung und Anpassungsfähigkeit:** Bereitschaft zur kontinuierlichen Weiterbildung und Anpassung an neue Technologien und Methoden.

Die Einführung von Generativer KI im Marketing führt zu einer Neuausrichtung der Rolle von Marketingmanager:innen. Sie müssen sich an die veränderten Anforderungen anpassen und neue Fähigkeiten erwerben, um die Potenziale der KI voll auszuschöpfen und dabei gleichzeitig die menschliche Kreativität und strategische Planung in den Vordergrund zu stellen.

2.3   Marketingstruktur

Die Integration von Generativer KI in die Marketingorganisation bringt eine Reihe von Herausforderungen mit sich. CMOs stehen vor der Aufgabe, das Marketing so umzugestalten, dass es in einem sich ständig verändernden Umfeld flexibel bleibt. Sie müssen die Rolle des Marketings als digitaler Dirigent stärken, um einen weiteren Einflussverlust zu vermeiden, und adaptive Strategien umsetzen, die den Wert des Marketings für das gesamte Unternehmen unter Beweis stellen (Gartner 2022a). Viele Organisationen kämpfen damit, den vollen Nutzen ihrer digitalen Investitionen auszuschöpfen. Bei der Implementierung von Generativer KI könnte es ähnlich verlaufen, wenn Führungskräfte sie einführen, ohne ihre Organisationen darauf vorzubereiten (Banholzer et al. 2023). Dies erfordert eine sorgfältige Planung und Umsetzung, um sicherzustellen, dass die KI-Technologien effektiv integriert und genutzt werden. Die rasche Einführung neuer Technologien wie ChatGPT erhöht den Wettbewerbsdruck auf Organisationen. Diese schnelle Wachstumsdynamik erfordert eine agile Anpassungsfähigkeit der Marketingteams. Gleichzeitig bringt der Einsatz von KI neue und andere Risiken mit sich. Zu diesen Gefahren, die z. B. durch mangelnde Governance verursacht werden, gehören potenzielle Schäden für die Reputation, die Compliance oder finanzielle Aspekte der Organisation. Die Dringlichkeit, mit der diese Herausforderungen angegangen werden müssen, ist hoch. Dabei muss von Anfang ein gemeinsames ethisches Verständnis im Umgang mit der Generativen KI geschaffen werden. Darüber hinaus stellt die Komplexität der Transformationsanforderungen Unternehmen vor immense Herausforderungen. Dies erfordert von den Marketingmanager:innen nicht nur ein tiefes Verständnis der Technologien, sondern auch die Fähigkeit, organisatorische und ethische Überlegungen in ihre KI-Strategien einzubeziehen (Dwivedi et al. 2023).

Organisatorischer Rahmen
Der effektive Einsatz von Generativer KI in Marketingorganisationen erfordert einen gut durchdachten organisatorischen Rahmen, der auf mehreren Säulen ruht (Abb. 2.4).

Führung
Führungskräfte müssen eine Innovationskultur fördern, die Visionen und Strategien mit den notwendigen Ressourcen unterstützt. Dazu gehört auch, neue Ideen zu verfolgen, selbst wenn damit das Risiko des Scheiterns verbunden ist. Führungskräfte sollten den Mut haben, unkonventionelle Wege zu gehen und Teams zu ermutigen, innovative Lösungen zu erforschen und umzusetzen (Banholzer et al. 2023).

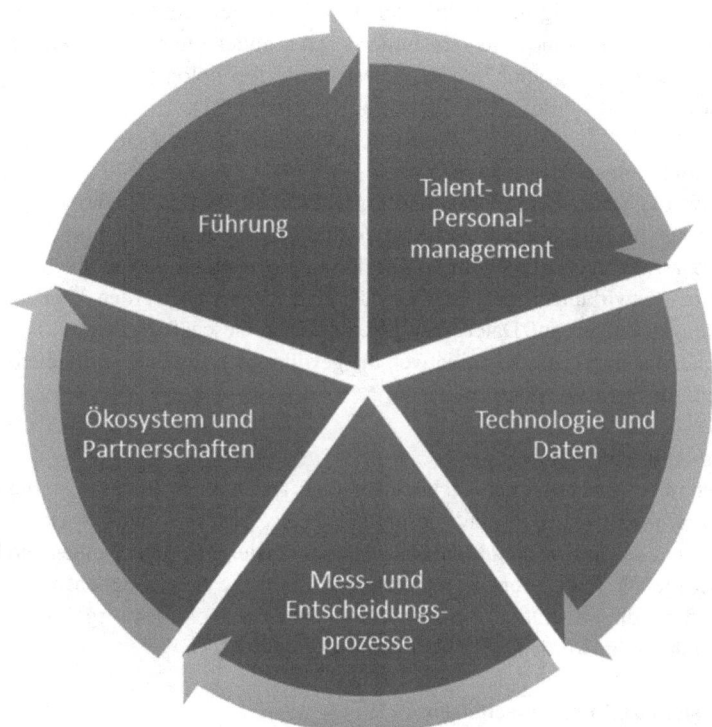

Abb. 2.4 Handlungsfelder der Gestaltung der Organisation bei der Einführung von Generativer KI

Talent- und Personalmanagement
Angesichts der rasanten Entwicklung im Bereich KI müssen Unternehmen in die Umschulung und Weiterbildung ihrer Mitarbeiter investieren. Dies erfordert Programme und Initiativen, die die Mitarbeiter in die Lage versetzen, mit den neuen Technologien umzugehen und sie effektiv einzusetzen. Das Management sollte auch neue Talente mit speziellen KI-Fähigkeiten einstellen, um die bestehenden Teams zu ergänzen (Ellingrud et al. 2023).

Technologie und Daten
Ein zentraler Aspekt ist das Technologie- und Datenmanagement. Unternehmen müssen wissen, welche Daten relevant sind, diese schützen und zweckorientiert

verwalten. Gleichzeitig sollten sie Daten demokratisieren, um Fachleuten und Endnutzer:innen die für Innovationen erforderlichen Einblicke zu ermöglichen. Darüber hinaus muss die Integration von KI in bestehende Technologien sorgfältig geplant und durchgeführt werden (MIT Technology Review 2021).

Mess- und Entscheidungsprozesse
Effektive und transparente Mess- und Entscheidungsprozesse sind notwendig, um den Erfolg von KI-Initiativen zu bewerten und zu steuern. Dazu gehört die Festlegung klarer Ziele und Indikatoren, mit denen die Leistung von KI-Technologien und ihre Auswirkungen auf die Geschäftsziele gemessen werden können. Entscheidungen sollten auf Daten und differenzierten Geschäftseinblicken basieren, um sicherzustellen, dass KI-Initiativen die gewünschten Ergebnisse erzielen (IBM Institute for Business Value 2023).

Technologie und Daten
Ein zentraler Aspekt ist das Technologie- und Datenmanagement. Unternehmen müssen wissen, welche Daten relevant sind, diese schützen und zweckorientiert verwalten. Gleichzeitig sollten sie Daten demokratisieren, um Fachleuten und Endnutzern die für Innovationen erforderlichen Einblicke zu ermöglichen. Darüber hinaus muss die Integration von KI in bestehende Technologien sorgfältig geplant und durchgeführt werden (MIT Technology Review 2021).

Ökosystem und Partnerschaften
Der Aufbau eines zukunftsorientieren Ökosystems (Netzwerken) und der Aufbau von neuen Partnerschaften sind entscheidend für den Erfolg in einer von KI geprägten Marketingwelt. Dazu gehört die Zusammenarbeit mit externen Technologieanbietern, akademischen Einrichtungen und anderen Organisationen, um Zugang zu neuen Ideen, Talenten und Technologien zu erhalten (IBM Institute for Business Value 2023).

Jede dieser Säulen spielt eine entscheidende Rolle bei der Schaffung eines Umfelds, das die wertschöpfende Nutzung generativer KI fördert und gleichzeitig sicherstellt, dass Organisationen agil, innovativ und ethisch verantwortlich bleiben.

Gestaltungselemente
Der erfolgreiche Einsatz von Generativer KI in der Marketingorganisation erfordert spezifische strukturelle Anpassungen, um einen echten Wettbewerbsvorteil zu schaffen. McKinsey-Forschungen zeigen, dass Experimentierfreude und die Bereitschaft, Ideen, Unternehmen und Technologien kontinuierlich weiterzuentwickeln,

entscheidend für den Erfolg sind. Fünf Schritte können von innovativen Organisationen unternommen werden, um einen Wettbewerbsvorteil zu erzielen: Die richtigen
Fragen stellen, falsche Antworten schnell erkennen und eliminieren, kontinuierlich eigene Daten aufbauen, organisatorische Lernfähigkeit schaffen und wichtige
Arbeitsabläufe ohne menschliches Zutun automatisieren, um die Geschwindigkeit
der generativen KI voll auszuschöpfen (Banholzer et al. 2023).

Um den Einsatz von Generativer KI in traditionellen funktionalen Marketingorganisationen zu fördern, sollten die folgenden spezifischen Anpassung
vorgenommen werden:

a) Integration von funktionsübergreifenden Teams: Im Zeitalter der Generativen KI ist es wichtig, Teams zu bilden, die sowohl Marketingexpertise als auch
technologisches Know-how vereinen. Solche Teams können aus Content-Erstellern,
KI-Spezialisten, Datenanalysten und Juristen bestehen, die gemeinsam an der Erstellung, Optimierung und Analyse von KI-generierten Inhalten arbeiten. Diese Teams
sollten sich auf die Integration von KI in bestehende Marketingprozesse konzentrieren, ethische und rechtliche Aspekte berücksichtigen und sicherstellen, dass
KI-Strategien mit den Unternehmenszielen übereinstimmen. Die enge Zusammenarbeit zwischen diesen Disziplinen ermöglicht es, das Potenzial von KI bei der
Entwicklung personalisierter und effektiver Marketingstrategien voll auszuschöpfen
(Mondal et al. 2023).

b) Produktmanagement mit KI-Kompetenz: Bei der Weiterentwicklung des Pro-
duktmanagements sollten Marketingorganisationen sicherstellen, dass Produktma-
nager über Kenntnisse im Bereich der Generativen KI verfügen. Dazu gehört das
Verständnis, wie KI für Marktanalysen, Kundenfeedback und die Entwicklung
von Marketingstrategien eingesetzt werden kann. Produktmanager:innen sollten in
der Lage sein, KI-gestützte Erkenntnisse zu nutzen, um innovative Produkte zu
entwickeln und auf den Markt zu bringen (Banholzer et al. 2023).

c) Dynamische Zuweisung von Ressourcen und Talenten: Aufgrund der Schnellle-
bigkeit der KI-Technologien ist es entscheidend, dass Marketingorganisationen ihre
Ressourcen und Talente flexibel anpassen. Dies beinhaltet die Neuzuweisung von
Ressourcen zu KI-basierten Projekten und die Schulung von Mitarbeitern in den
neuesten KI-Techniken und -Anwendungen. Durch diese kontinuierliche Anpassung können Organisationen sicherstellen, dass sie mit der Entwicklung von KI
Schritt halten (Ellingrud et al. 2023).

Vorgehen

In der heutigen Marketinglandschaft, die zunehmend von Generativer KI geprägt ist, sind spezifische Anpassungen in der Struktur der Marketingorganisation erforderlich. Bei der Auswahl der Maßnahmen und der Entscheidung für ein bestimmtes Vorgehen sind zwei Phasen zu unterscheiden: Pilotierung und Skalierung.

Die Pilotphase ist entscheidend, um den Grundstein für den erfolgreichen Einsatz von generativer KI zu legen. In dieser Phase geht es darum, ausgewählte Anwendungsfälle zu testen und zu evaluieren, wie Generative KI bestehende Marketingprozesse ergänzen und verbessern kann. Dies kann beispielsweise die Entwicklung eines KI-gestützten Tools zur Erstellung von Marketinginhalten oder zur Analyse von Kundendaten umfassen. Wichtig ist, dass während der Pilotierung eine Kultur der Offenheit und des Experimentierens gefördert wird. Unternehmen sollten bereit sein, neue Ansätze auszuprobieren, auch wenn dies bedeutet, dass nicht alle Initiativen erfolgreich sein werden. Die Pilotierung bietet auch die Gelegenheit, die Belegschaft mit der Technologie vertraut zu machen und mögliche Bedenken oder Ängste in Bezug auf KI auszuräumen. Darüber hinaus werden dieselben kulturellen Eigenschaften, die in jüngster Zeit für den Erfolg von Organisationen entscheidend waren – wie Anpassungsfähigkeit, Schnelligkeit, Vertrauen, Integrität, Lernen und Experimentieren, Innovation und Veränderungsbereitschaft – noch bedeutsamer. Es ist wichtig, Generative KI zu entmystifizieren, zwei oder drei effektive Anwendungsfälle zu identifizieren und einfach zu starten und dabei die notwendigen Rollen, Fähigkeiten und Kompetenzen zu entwickeln (Durth et al. 2023).

Pilotierung

Es ist wichtig, Generative KI zu entmystifizieren, zwei oder drei effektive Anwendungsfälle zu identifizieren und einfach zu starten, während die notwendigen Rollen, Fähigkeiten und Kompetenzen entwickelt und ausgebildet werden (Durth et al. 2023).

Nach erfolgreichen Pilotprojekten folgt die Skalierungsphase, in der der Einsatz von Generativer KI auf breiter Basis im Unternehmen implementiert wird. Dabei geht es darum, die in der Pilotphase gewonnenen Erkenntnisse zu nutzen, um KI-Anwendungen in verschiedenen Bereichen des Marketings effektiv einzusetzen. Dies erfordert häufig eine organisatorische Umstrukturierung, um die Zusammenarbeit zwischen verschiedenen Abteilungen zu fördern und eine integrierte Nutzung der KI-Technologie zu ermöglichen. Darüber hinaus sollten Unternehmen sicherstellen, dass die notwendigen Ressourcen wie qualifizierte

Mitarbeiter und die erforderliche technologische Infrastruktur zur Verfügung stehen. Ziel ist es, KI nicht nur als Werkzeug für einzelne Aufgaben, sondern als integralen Bestandteil der Marketingstrategie und -abläufe zu etablieren. Mögliche Maßnahmen sind das Benchmarking der aktuellen Organisationsstruktur im Vergleich zu Wettbewerbern, die Bewertung von Veränderungen in der Organisationsstruktur des Marketings, die Konsolidierung ähnlicher Funktionen, die Überprüfung der Teamverantwortlichkeiten, die Erweiterung der Teams um KI- und Daten-Experten sowie die Ausbildung der strategischen Fähigkeiten in den Marketingteams (Gartner 2023).

Skalierung

Ziel ist es, KI nicht nur als Werkzeug für einzelne Aufgaben, sondern als integralen Bestandteil der Marketingstrategie und -abläufe zu etablieren.

Zusammenfassend lässt sich sagen, dass die Einführung von Generativer KI in Marketingorganisationen einen strukturierten Ansatz erfordert, der sowohl die Testphase einzelner Anwendungen als auch die umfassende Integration der Technologie in die Marketingstrategie und -prozesse umfasst. Für Marketingmanager:innen bedeutet dies, sich auf kontinuierliches Lernen, Anpassungsfähigkeit und die Fähigkeit zur effektiven Steuerung von KI-basierten Projekten zu konzentrieren.

Umarme IT und Data Analytics – Ein Leitfaden für Marketingmanger:innen

3

Die Herausforderungen für Marketingmanager:innen bei der Nutzung von Generativer KI sind vielfältig und individuell. Der Leitfaden bietet hierzu Orientierung und Impulse.

Für Marketingmanager:innen eröffnet diese Technologie neue Horizonte in der Content-Erstellung, Datenanalyse und Kundeninteraktion. Dieser Leitfaden gibt einen kompakten Überblick über die Schlüsselelemente und Handlungsempfehlungen, um Generative KI erfolgreich in Marketingaktivitäten zu integrieren.

Der Generative KI Leitfaden für Marketingmanager:innen – 11 Ansatzpunkte zur nachhaltigen Implementierung und Wachstum

1. Neue Partnerschaften aufbauen und Inspirationsquellen identifizieren
2. Orientierung geben und Akzeptanz schaffen
3. Fokus stärken
4. Use Case wertbasiert auswählen
5. Marketingbudget in Generative KI investieren
6. Personalstrategie neu ausrichten
7. Tools intelligent auswählen
8. Governance entwickeln
9. Qualitätsmanagement neu ausrichten
10. Performance Management anpassen

© Der/die Autor(en), exklusiv lizenziert an Springer Fachmedien Wiesbaden GmbH, ein Teil von Springer Nature 2024
B. Wecke, *Generative KI als neues Teammitglied im Marketing*, essentials, https://doi.org/10.1007/978-3-658-44179-1_3

11. Umarme die IT- und Data-Kolleg:innen

1. Neue Partnerschaften aufbauen und Inspirationsquellen identifizieren
Der Aufbau eines vielfältigen und unterstützenden Netzwerkes schafft eine solide Basis für die erfolgreiche Integration von Generativer KI und die notwendige nachhaltige Agilität der Marketingabteilungen.

a. *Aufbau und Pflege eines Netzwerks strategischer Partnerschaften:* Für Marketingmanager:innen ist es wesentlich, sich auf den Aufbau und die Pflege eines Netzwerks strategischer Partnerschaften zu konzentrieren. Dieses Netzwerk sollte Unternehmen und Organisationen umfassen, die in unterschiedlichen Kontexten tätig sind und die vielfältigen Anforderungen der Generativen KI unterstützen können. Dabei ist es wichtig, eine ausgewogene Mischung von Partnern zu wählen, die sowohl technische Expertise als auch branchenspezifisches Wissen einbringen. Dieser Ansatz ermöglicht es, von einem breiten Spektrum an Perspektiven und Fähigkeiten zu profitieren und gleichzeitig ein flexibles und innovationsfreundliches Umfeld zu schaffen (Chui et al. 2023; Mondal et al. 2023).

b. *Identifizierung von Inspirationsquellen:* Marketingmanager:innen sollten sich aktiv bemühen, einen Ressourcenpool an Inspirationsquellen aufzubauen. Fachartikel und Newsletter bieten wichtige Einblicke in die neuesten Trends und Entwicklungen im Bereich der generativen KI. Interne Arbeitsgruppen können Raum für kreative Ideenfindung und Experimente bieten, während externe Netzwerke wie Branchenverbände oder spezialisierte Interessensvertretungen den Austausch mit Experten und Gleichgesinnten ermöglichen. Die Zusammenarbeit mit Softwareanbietern und Beratungsfirmen kann spezifische Anwendungsbeispiele und Best Practices aufzeigen, während Forschungseinrichtungen Zugang zu den neuesten wissenschaftlichen Erkenntnissen und fortschrittlichen Technologien bieten (Wecke 2022).

Reflexion

Bildet unser Netzwerk die notwendige Heterogenität der Kompetenzen ab und nutzen wir darüber hinaus weitere Informationsquellen?

2. Orientierung geben und Akzeptanz schaffen

Die folgenden Handlungsempfehlungen unterstützen Marketingmanager:innen dabei, eine umfassende Orientierung im Bereich KI zu geben und eine starke Akzeptanzbasis im Unternehmen zu schaffen. Diese ist für den erfolgreichen Einsatz von KI im Marketing unerlässlich.

a. *Bedeutung von KI-Schulungen und Leitlinien:* Derzeit hinken viele Unternehmen bei der Bereitstellung von KI-Schulungen und -Richtlinien hinterher. Für Marketingmanager:innen ist es entscheidend, diese Lücke zu schließen, indem sie umfassende Schulungsprogramme und klare Richtlinien für die Nutzung von KI im Marketing entwickeln (Marketing AI Institute 2023).

b. *Integration von KI in die Marketingstrategie:* Erfolgreiche Unternehmen zeichnen sich durch eine klar definierte KI-Vision und -Strategie aus. Sie investieren mehr als 20 % ihres Digitalbudgets in KI-bezogene Technologien. Teams von Datenwissenschaftlern nutzen Algorithmen, um Preisstrategien schnell anzupassen und Marketing- und Vertriebsaktivitäten zu optimieren. Diese Unternehmen blicken in die Zukunft und skizzieren einfache Anwendungsfälle für Generative KI (Deveau et al. 2023).

c. *Umsetzungsstrategien – Zieldefinition und Implementierungsplan:* Vor der Implementierung von KI-Tools müssen klare Ziele definiert werden. Es muss diskutiert werden, welche spezifischen Herausforderungen oder Chancen im Marketing durch den Einsatz von KI adressiert werden sollen. Anschließend muss geplant werden, wie die ausgewählte KI in Ihre bestehenden Prozesse integriert werden kann, einschließlich des Zeitplans und der verantwortlichen Teams (Lempke 2023).

d. *Steigerung der Akzeptanz und Nutzungsbereitschaft:* Um die Akzeptanz und Nutzungsbereitschaft unter den operativ tätigen Marketingverantwortlichen zu steigern, ist es wichtig, Fallbeispiele zu präsentieren, die das Zusammenspiel von menschlicher Kreativität und künstlicher Intelligenz veranschaulichen. Diese Beispiele sollten zeigen, wie KI die menschliche Arbeit ergänzt, anstatt sie zu ersetzen, und wie sie zu effektiveren Marketingstrategien beitragen kann (Hanway 2023).

Reflexion

Welche Maßnahmen haben wir ergriffen, um das Vorgehen und den Nutzen transparent und konkret zu machen?

Fokus stärken

Eine wichtige Facette bei der Implementierung von Generativer KI besteht darin, sicherzustellen, dass die Energie der Organisation nachhaltig in die Initiative investiert wird.

a. ***Wahl eines spezifischen Anwendungsfalls:*** Zunächst wählt man einen sehr eng definierten Bereich innerhalb Ihres Marketings, in dem KI einen signifikanten Unterschied machen könnte. Anstatt allgemeine Bereiche wie „Social Media" anzugehen, konzentriert man sich auf spezifischere Aufgaben wie die Optimierung von Headlines für Anzeigen auf einer bestimmten Plattform oder die Personalisierung von E-Mail-Marketingkampagnen für eine bestimmte Zielgruppe. Der Vorteil sich auf spezifische Anwendungsfälle zu konzentrieren, liegt in der direkten Messung und Bewertung des Nutzen von KI. Dies erleichtert das Verständnis der Funktionsweise und der Vorteile von KI und ermöglicht eine schrittweise und kontrollierte Ausweitung auf andere Bereiche (Braithwaite 2023).

b. ***Sicherstellen der notwendigen Unterstützung durch das Management:*** Der Erfolg einer KI-Implementierung hängt stark von der Unterstützung durch das Management ab. Es ist entscheidend, dass das Management die Bedeutung und die Ziele des Einsatzes von KI versteht und aktiv unterstützt. Dazu gehört die Bereitstellung der notwendigen Ressourcen ebenso wie die Schaffung einer innovationsfreundlichen Unternehmenskultur. Eine starke Unterstützung durch das Management erleichtert es, die Integration von KI im gesamten Unternehmen voranzutreiben (Marketing AI Institute 2023).

c. ***Vordenken:*** Eine überstürzte Einführung von KI-Technologien kann zu vielfältigen Problemen führen. Eine schrittweise, gut durchdachte Implementierung mit ausreichenden Testphasen ist unerlässlich. Dies ermöglicht es, die Wirksamkeit der Werkzeuge zu bewerten, notwendige Anpassungen vorzunehmen und sicherzustellen, dass das Team ausreichend geschult ist. Geduld und sorgfältige Planung sind entscheidend für den Erfolg der Integration von KI in Marketingaktivitäten (Lempke 2023).

Reflexion

Haben wir einen konkreten Anwendungsfall definiert, in dem zügig Ergebnisse erzielt werden können und gibt es genügend Rückenwind vom Management für die Initiative?

Use Case wertbasiert auswählen

Die Auswahl des richtigen Use ist entscheidend für den Erfolg. Durch eine strategische Auswahl können Marketingmanager:innen sicherstellen, dass ihre KI-Initiativen eng mit den Geschäftszielen verknüpft sind und einen echten Mehrwert für das Unternehmen bieten.

a. *Entwicklung eines Business Case:* Es ist wichtig, einen überzeugenden Business Case für den Einsatz von KI zu entwickeln. Dieser sollte auf den Geschäftszielen und -werten des Unternehmens basieren. In diesem sollte abgebildet werden, wie Generative KI die Markenwahrnehmung, das Kundenengagement oder den Umsatz verbessern kann (Frank und Greene 2023).

b. *Gezielter Einsatz von KI:* Unternehmen sollten KI nicht um ihrer selbst willen einsetzen. Der Schlüssel zum Erfolg liegt in einer zielgerichteten und durchdachten Anwendung. Es gilt, relevante und passende Anwendungsfälle zu identifizieren, die einen echten Mehrwert für das Marketing bieten. Diese sollten eng mit den übergeordneten Unternehmenszielen und den spezifischen Herausforderungen im Marketing verknüpft sein (IBM iX 2023).

c. *Vorgehen in der Praxis:* Identifikation und Priorisierung der wichtigsten Aufgaben im Marketing, die durch KI verbessert werden können. Dies kann die Automatisierung zeitaufwändiger Prozesse, die Verbesserung der Zielgruppenanalyse oder die Personalisierung der Kundeninteraktion umfassen. Leitkriterium ist der potenzielle Wert, den ein KI-Anwendungsfall für Ihr Unternehmen bringen kann und kann sich unter anderem im Umsatz, der Kundenbindung und der Markenstärkung niederschlagen (Lempke 2023).

Reflexion

Haben wir den Use-Case nach den Kriterien Spezifität und Wertbeitrag ausgewählt?

Marketingbudget in Generative KI investieren

Die effektive Integration von generativer KI in das Marketing erfordert eine sorgfältige Planung und Allokation der Budgetressourcen. Dabei sind zwei wesentliche Aspekte zu berücksichtigen:

a. *Definierte KI-Vision und -Strategie mit entsprechender Budgetallokation:* Erfolgreiche Unternehmen zeichnen sich durch eine klar definierte KI-Vision und -Strategie aus. Ein wesentlicher Teil des Digitalbudgets, oft mehr als 20 %, wird in KI-bezogene Technologien investiert. Für Marketingmanager:innen bedeutet dies, dass ein signifikanter Anteil des Marketingbudgets für die Entwicklung und Implementierung von KI-Strategien reserviert werden sollte. Dazu gehören Investitionen in Software, Tools und Forschung (Deveau et al. 2023).

b. **Budgetierung des erforderlichen Personals:** Neben der Investition in Technologie ist es ebenso wichtig, Personalressourcen bereitzustellen. Die meisten KI-Anwendungen erfordern Fachpersonal, welches die Parameter festlegt, den Lernprozess anleitet und die Governance sicherstellt. Darüber hinaus sollten auch Mittel für die Aus- und Weiterbildung des vorhandenen Personals bereitgestellt werden, um sicherzustellen, dass die Teams über die erforderlichen Fähigkeiten und Kenntnisse verfügen, um effektiv mit KI-Systemen zu arbeiten. (Lempke 2023).

Diese duale Investitionsstrategie ermöglicht die Entwicklung innovativer Marketingansätze, die sowohl technologisch fortschrittlich als auch kreativ ausgereift sind.

Reflexion

Welchen Anteil des Marketingbudgets haben wir Investitionen in Technologie und Personal reserviert?

Personalstrategie neu ausrichten
Generell müssen die Strategien der Personalrekrutierung und -entwicklung angepasst werden. Dabei stehen zwei Hauptbereiche im Vordergrund:

a. **KI-Ausbildung als Herausforderung und Weiterbildung als Schlüssel:** Laut der Studie von Juniper Networks (2022) planen 39 % der Unternehmen, ihre Belegschaft durch die Entwicklung eines Arbeitskräfteplans zu erweitern, der neue Kompetenzen und Rollen identifiziert. Dies ist entscheidend, um sicherzustellen, dass Ihr Team über die erforderlichen Kompetenzen für den Einsatz von KI verfügt. Ebenfalls 39 % der Unternehmen planen, ihre Lern- und Entwicklungsprogramme anzupassen, um die KI-Kompetenz ihrer Mitarbeiter:innen zu fördern. Zudem sollten Mitarbeiter:innen an verpflichtenden Schulungen teilnehmen, die sowohl den angemessenen Einsatz Generativer KI-Tools als auch wichtige Aspekte wie Datenschutz und Ethik abdecken. In der Studie von Bünte (2023) identifizieren 61,2 % der Befragten die KI-Ausbildung der Mitarbeiter:innen als Herausforderung. Daher ist es wichtig, in Aus- und Weiterbildung zu investieren, um diese Hürde zu überwinden.

b. ***Externe Rekrutierung:*** Zunehmend gefragt sind Teams von Datenwissenschaftlern, die Algorithmen zur Optimierung von Marketing- und Vertriebsstrategien anwenden. Diese Experten spielen eine entscheidende Rolle bei der Informationsbeschaffung und Strategieentwicklung. Laut Juniper Networks (2022) sehen 21 % der Unternehmen in der Rekrutierung geeigneter Fachkräfte für den Betrieb und die Entwicklung von KI-Kapazitäten einen vorrangigen Investitionsbereich. Dies unterstreicht die Bedeutung der Rekrutierung sowohl interner Mitarbeiter als auch externer Experten, um die KI-Kompetenzen innerhalb der Organisation zu stärken.

Durch diese strategischen Schritte können Marketingmanager:innen sicherstellen, dass ihr Team über die erforderlichen Fähigkeiten verfügt und die KI-Technologie effektiv und verantwortungsbewusst genutzt wird.

Reflexion

Wieviele Mitarbeiter:innen haben wir bereits aus- und weitergebildet und wie viele externe Expert:innen wurden eingestellt?

Tools intelligent auswählen
Für die Auswahl von KI-Tools im Marketing ist eine zweistufige Strategie erforderlich: Zunächst die Make-or-Buy-Entscheidung und anschließend die prozessgesteuerte Toolauswahl.

a. ***Die Entscheidung, ob ein KI-Tool intern entwickelt oder extern erworben wird, hängt von mehreren Faktoren ab*** (Yu-Chun-Chang und Pflugfelder 2023):
   – **Strategischer Wert:** Wie wichtig ist das Tool für die langfristigen Geschäftsziele?
   – **Anpassungsfähigkeit:** Muss das Tool speziell auf die Unternehmensbedürfnisse zugeschnitten sein?
   – **Schutz des geistigen Eigentums:** Wie bedeutsam ist der Schutz eigener Entwicklungen?
   – **Sicherheit:** Welche Sicherheitsanforderungen sind zu erfüllen, besonders bezüglich der Kundendaten?
   – **Kosten:** Wie verhalten sich die Kosten für Entwicklung und Pflege intern gegenüber externen Lösungen?
   – **Vorhandene Talente:** Stehen intern die notwendigen Fachkräfte zur Verfügung?

- **Rechtliches Know-how:** Wie umfangreich sind die rechtlichen Anforderungen, insbesondere in Bezug auf Datenschutz und Compliance?
- **Datenverfügbarkeit:** Sind die erforderlichen Daten für den effektiven Einsatz des Tools vorhanden?
- **Vertrauenswürdigkeit:** Wie zuverlässig sind potenzielle externe Anbieter?

b. *Nach der Entscheidung zum Kauf eines externen Tools folgt die prozessgesteuerte Auswahl* (Lempke 2023):

- **Entwicklung einer KI-Tool-Strategie:** Definition von Zielen, Identifikation relevanter Anwendungsfälle und Arbeitsprozesse.
- **Analyse der Arbeitsprozesse:** Untersuchung, welche Prozesse in Ihrem Marketing durch KI verbessert werden könnten.
- **Abgleich mit Tool-Funktionen:** Vergleich der Funktionen verfügbarer Tools mit den identifizierten Prozessen und Anforderungen.
- **Priorisierung nach Nutzen und Machbarkeit:** Bewertung, welche Tools den größten Nutzen bringen und technisch sowie organisatorisch umsetzbar sind.
- **Pilotprojekte und Tests:** Testing ausgewählter Tools, um ihre Effektivität und Kompatibilität mit bestehenden Systemen zu überprüfen.
- **Feedback und Anpassung:** Sammlung von Feedback von Nutzern und ggf. Anpassung der Auswahl.

Durch diesen strukturierten Ansatz können Marketingmanager:innen sicherstellen, dass sie KI-Tools auswählen, die nicht nur technologisch fortschrittlich sind, sondern auch optimal auf die spezifischen Bedürfnisse und Prozesse ihres Marketings abgestimmt sind.

Reflexion

Welche Kompetenzen besitzen wir hinsichtlich der Auswahl und Implementierung von KI-Tools?

Governance entwickeln
Die Entwicklung einer effektiven Governance soll die Einhaltung ethischer und rechtlicher Standards sicherstellen. Sie kann in drei Hauptbereiche gegliedert werden (Bahr 2023):

a. *KI-Richtlinien für Marketing*
- Richtlinien für Generative KI und Ethik: Es ist wichtig, klare Richtlinien für den Einsatz von Generativer KI in Marketingaktivitäten zu definieren,

die ethische Überlegungen, Datenschutz und den Umgang mit sensiblen Informationen berücksichtigen.

- Einschränkungen für den Einsatz des Tools: Definieren Sie genau, welche Geschäftsbereiche und Funktionen Generative KI für definierte Anwendungsfälle nutzen darf, um einen konsistenten und zielgerichteten Einsatz der Technologie sicherzustellen.

b. *Definition von Verantwortlichkeiten*

- Bedeutung der Zuweisung von Verantwortlichkeiten: Eine klare Zuweisung von Verantwortlichkeiten ist entscheidend, um eine ordnungsgemäße Überwachung und Verwaltung von KI-generierten Inhalten zu gewährleisten. Dadurch wird sichergestellt, dass alle durch KI generierten Inhalte den ethischen und rechtlichen Standards des Unternehmens entsprechen.
- Überprüfung der Ergebnisse: Alle von KI-Tools generierten Ergebnisse müssen vor ihrer Veröffentlichung sorgfältig überprüft werden, um sicherzustellen, dass sie keine vertraulichen oder unangemessenen Informationen enthalten.
- Kontrolle der Datenquellen: Es ist wichtig, dass KI-Tools keine unternehmensinternen, sensiblen oder geschützten Daten verarbeiten, um die Privatsphäre und das geistige Eigentum zu schützen.

c. *Einführung von Audits*

- Sicherheits- und Datenschutzaudits: Regelmäßige Audits sind erforderlich, um die Einhaltung von Sicherheits- und Datenschutzbestimmungen zu überprüfen und zu gewährleisten, dass KI-Anwendungen den internen Richtlinien entsprechen.

Die Implementierung dieser Governance-Maßnahmen erhöht die Wahrscheinlichkeit, dass der Einsatz von Generativer KI im Marketing verantwortungsvoll und im Einklang mit den Unternehmenswerten erfolgt.

Reflexion

Welche Maßnahmen zur Einhaltung der gesetzlichen Regelungen und internen Standards wurden umgesetzt?

Qualitätsmanagement neu ausrichten

Der Einsatz von Generativer KI im Marketing erfordert eine sorgfältige Neuausrichtung des Qualitätsmanagements, insbesondere im Hinblick auf die Kontrolle der verwendeten Daten und der generierten Inhalte (Mondal et al. 2023).

a. ***Kontrolle der verwendeten Daten***

- Die Unvoreingenommenheit der Trainingsdaten sicherstellen: Ein kritischer Schritt bei der Verwendung von generativen KI-Modellen ist die Sicherstellung der Unvoreingenommenheit der für das Training verwendeten Daten. Aktuelle, korrekte und relevante Daten sind entscheidend für die Wirksamkeit von KI-Werkzeugen.
- Spezialisierte Modelle und Anpassungen: Organisationen mit ausreichend Kapazitäten sollten in Erwägung ziehen, ihre Generativen KI-Tools zu spezialisieren und anzupassen, um Verzerrungen zu minimieren. Dies kann zudem durch eine kontinuierliche Optimierung der Befehle für die KI-Tools (Prompts) erreicht werden.

b. ***Kontrolle der generierten Inhalte***

- Überprüfung der Qualität der Inhalte: Unabhängig davon, ob die Inhalte maschinell oder von Menschen erstellt werden, bleibt die Qualität das oberste Gebot. Es ist wichtig, die von KI generierten Inhalte kritisch zu hinterfragen und die Richtigkeit der Informationen zu überprüfen.
- Überprüfung vor der Veröffentlichung: Alle von KI-Tools erzeugten Ergebnisse sollten sorgfältig überprüft werden, bevor sie in Produkten und Dienstleistungen verwendet werden. Dies ist notwendig, um zu vermeiden, dass persönliche oder veraltete Informationen enthalten sind.
- Kontrolle durch weitere Forschung: Der Einsatz von Werkzeugen zur Identifizierung und Zitierung von KI-generierten Inhalten sollte erwogen werden. Da generative Modelle das Konzept der Verlässlichkeit nicht berücksichtigen, kann zusätzliche Forschung erforderlich sein, um die Genauigkeit der generierten Daten zu überprüfen.

Durch die Implementierung dieser Qualitätsmanagement-Strategien können Marketingmanager:innen sicherstellen, dass die erzeugten Inhalte sowohl hohen Qualitätsstandards entsprechen als auch ethischen und rechtlichen Anforderungen genügen.

Reflexion

Welche Kontrollmechanismen hinsichtlich der Inputdaten und Ergebnisse wurden implementiert?

Performance Management anpassen

Auch das Performance Management im Marketing sollte überprüft werden. Dabei sind die Evaluierung neuer Metriken, eine stärkere Fokussierung auf Wertschöpfung und Markensicherheit sowie eine mögliche Anpassung der Review-Zyklen zu berücksichtigen.

a. *neue Messgrößen für die Wertschöpfung*
   - Aktualisierung von Leistungsindikatoren: Mit dem Einsatz von KI im Marketing müssen neue Metriken etabliert werden, die speziell die durch KI generierte Wertschöpfung erfassen. Dies kann z. B. durch Kennzahlen geschehen, die die Effizienzsteigerung, die Verbesserung der Kundeninteraktion oder die Erhöhung der Zielgenauigkeit durch KI-Technologien messen.
   - Fokus auf qualitative und quantitative Wertschöpfung: Neben den klassischen Leistungsindikatoren sollten auch Metriken entwickelt werden, die die qualitative Wertschöpfung durch KI erfassen, wie z. B. die Verbesserung der Inhaltsqualität oder die Erhöhung der Markenrelevanz.
   - Monitoring und schnelles Eingreifen: Ein kontinuierliches Monitoring der Performance von KI-Tools ist notwendig, um sicherzustellen, dass sie tatsächlich zur Wertschöpfung beitragen und um bei Bedarf schnell Anpassungen vornehmen zu können.

b. *Fokus auf Markensicherheit*
   - Markenkonformität sicherstellen: Es ist wichtig, dass die von KI generierten Inhalte die Markenidentität und -werte widerspiegeln und keine rechtlichen Risiken wie Urheberrechtsverletzungen oder Plagiate bergen (Bahr 2023).
   - Regelmäßige Überprüfung der KI-Outputs: Eine kontinuierliche Überwachung der KI-generierten Inhalte ist erforderlich, um deren Konformität mit Markenrichtlinien und rechtlichen Anforderungen zu gewährleisten.

Durch die Einführung dieser spezialisierten Metriken und die kontinuierliche Überwachung der KI-gestützten Marketingaktivitäten stellen Marketingmanager:innen sicher, dass der Einsatz Generativer KI einen echten Mehrwert schafft und gleichzeitig die Integrität und Sicherheit der Marke gewahrt bleibt. Diese Anpassungen im Performance Management sind entscheidend, um den Erfolg der Integration von KI im Marketing messen und steuern zu können.

Reflexion

Welche neuen Kennzahlen und Reports wurden eingeführt?

Regulierungstendenzen beobachten

Die sich ständig weiterentwickelnde regulatorische Landschaft im Bereich der Generativen KI erfordert eine kontinuierliche Beobachtung dessen sowie eine hohe Anpassungsfähigkeit von Marketingmanager:innen (Caserta et al. 2023).

a. *Beobachtung der regulatorischen Entwicklung:* Da Organisationen beginnen, mit Modellen zu experimentieren, ist es von entscheidender Bedeutung, die Veränderungen im regulatorischen Umfeld genau zu beobachten. Dazu gehören sowohl nationale als auch internationale Vorschriften, die sich auf den Einsatz von KI im Marketing und in anderen Geschäftsbereichen auswirken könnten.

b. *Schutz sensibler Daten:* Es ist wichtig, sensible Daten zu schützen und sicherzustellen, dass ihre Verwendung den geltenden Datenschutzbestimmungen entspricht. Marketingmanager:innen sollten Pläne entwickeln, um schnell auf neue Datenschutzvorschriften reagieren zu können.

c. *Proaktive Anpassungsstrategien:* Angesichts der Geschwindigkeit, mit der sich Vorschriften im Bereich KI entwickeln können sollten proaktive Strategien entwickelt werden. Diese umfassen sowohl Reaktionspläne für kurzfristige Änderungen als auch langfristige Anpassungen an die sich ändernde Rechtslage.

Durch die kontinuierliche Beobachtung von Regulierungstendenzen und die Vorbereitung auf schnelle Anpassungen können Marketingmanager:innen gewährleisten, dass ihre KI-basierten Aktivitäten stets im Einklang mit den aktuellen Gesetzen und Richtlinien stehen. Dies ist nicht nur für die Rechtskonformität entscheidend, sondern auch für das Vertrauen von Kunden und Stakeholdern.

Reflexion

Welche Maßnahmen haben wir getroffen, um regulatorische Änderungen zu antizipieren?

Umarme die IT- und Data-Kolleg:innen

Die Integration von Generativer KI in das Marketing erfordert eine enge und effektive Zusammenarbeit mit IT- und Data Analytics-Teams. Diese Partnerschaft ist entscheidend für den Erfolg und die Optimierung von KI-gestützten Marketingstrategien.

a. *Aufbau einer starken Partnerschaft mit der IT-Abteilung:* Eine enge Zusammenarbeit mit der IT-Abteilung beim Aufbau der technologischen Infrastruktur ist unerlässlich. Dazu gehören der Zugang zu relevanten Daten, die Sicher-stellung der Systemkompatibilität und die Bereitstellung von technischem Fachwissen.

b. *Integration von Datenanalyst:innen in Marketingentscheidungen:* Die Daten-analyse spielt eine zentrale Rolle bei der Bewertung der Effektivität von KI-Tools im Marketing. Durch die Zusammenarbeit mit Datenexpert:innen können Mar-ketingmanager:innen tiefere Einblicke in Kundenverhalten und Markttrends gewinnen und diese Erkenntnisse nutzen, um ihre KI-Strategien anzupassen und zu verfeinern.

c. *Förderung des gegenseitigen Verständnisses:* Es ist wichtig, dass sowohl Marketing- als auch IT- und Datenanalyse-Teams ein klares Verständnis der Ziele und Herausforderungen des jeweils anderen Bereichs entwickeln. Dies fördert eine effektivere Kommunikation und Zusammenarbeit. Im Idealfall haben alle Beteiligten die gleiche (formale) Zielsetzung.

d. *Abstimmung und gemeinsame Projektplanung:* Regelmäßige Treffen und eine enge Abstimmung zwischen Marketing, IT und Datenanalyse sind Grundvor-aussetzung. Die beste Lösung wäre neue, crossfunktionale Teams aufzubauen.

Durch die Stärkung der Beziehungen zwischen Marketing, IT und Datenanalyse können Marketingmanager:innen sicherstellen, dass ihre generative KI-Strategie auf einer soliden technischen Grundlage aufbaut und durch datengestützte Einblicke gestärkt wird. Diese interdisziplinäre Zusammenarbeit ist ein Schlüsselelement für den erfolgreichen Einsatz von KI im Marketing.

Reflexion

Welche formellen und informellen Kontaktpunkte bestehen zwischen Daten-analyse, IT und Marketing?

Die Ausgangssituation bei der Einführung von Generativer KI im Marke-ting ist in jedem Unternehmen unterschiedlich. Dennoch empfiehlt es sich, jeder der ausgeführten Perspektiven zu durchdenken. Abb. 3.1 gibt einen kompak-ten Überblick über die möglichen Fragestellungen, die eine derartige Reflexion unterstützen können.

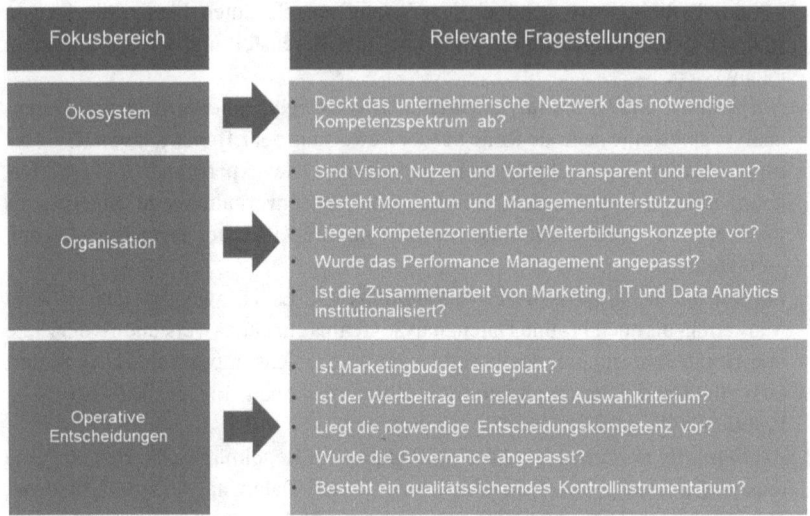

Abb. 3.1 Denkwerkzeug – Generative KI als neues Teammitglied

Nutzung des Leitfadens

Die 11 Schritte auf dem Weg zur nachhaltigen Nutzung von Generativer KI im Marketing sollen Marketingmanager:innen inspirieren, die jeweils relevanten Fragestellungen zu identifizieren und die konkreten Herausforderungen in ihrem Kontext benennen zu können. Ziel ist es, möglichst schnell in den Dialog und ins Experimentieren zu kommen,

Fazit

4

Die Nutzung von Generativer KI im Marketing steht noch am Anfang. Die Möglichkeiten scheinen jedoch nahezu unbegrenzt. Bei der Einführung von KI-Technologien in den Marketingprozess empfiehlt sich ein iteratives Vorgehen, das stets die strategischen Marketingziele im Blick haben sollte. Die Einführung von Generativer KI ist kein Selbstzweck, sondern muss den Mehrwert für Kund:innen und Unternehmen in den Mittelpunkt stellen. Dabei wird das Zusammenspiel von Mensch und Technologie neu justiert. Die Rollenverteilung verändert sich und muss in einem permanenten Wechselspiel von Experimentieren, Lernen und Verbessern weiterentwickelt werden. Das Gelingen wird durch einen auf diese Erfordernisse angepassten organisatorischen Rahmen unterstützt. Dazu gehören eine auf den Menschen ausgerichtete Strategie, die Schaffung von Lernräumen für die Kompetenzentwicklung und die Fokussierung auf die Wertschöpfung des Unternehmens. Die Bedeutung digitaler Technologien für diesen Prozess ist enorm. Entscheidend für den Erfolg bleibt aber der Mensch.

Buchnachspann

B. Wecke, *Generative KI als neues Teammitglied im Marketing*, essentials, https://doi.org/10.1007/978-3-658-44179-1_4

Was Sie aus diesem *essential* mitnehmen können

- Generative KI wird **entlang des gesamten Marketingprozesses** eingesetzt.
- Die Rollen der Marketingmanager:innen verändern sich, indem repetitive und analytische Aufgaben durch eine KI ausgeführt werden und der Fokus verstärkt auf **Strategie, Innovation und Kreativität** liegt.
- Die Kompetenzstruktur der Marketingteams verändert sich und vereint **Marketing-, IT- und Datenanalysefähigkeiten.**
- Das Gelingen der Einführung von Generativer KI erfordert eine zielgerichtete Gestaltung der **organisatorischen Rahmenbedingungen.**

© Der/die Herausgeber bzw. der/die Autor(en), exklusiv lizenziert an Springer Fachmedien Wiesbaden GmbH, ein Teil von Springer Nature 2024
B. Wecke, *Generative KI als neues Teammitglied im Marketing*, essentials, https://doi.org/10.1007/978-3-658-44179-1

Literatur

Armstrong, S.; Esber, D.; Heller, J.; Timelin, B. (2020): Modern marketing: What is it, what isn't, and how to do it. Hg. v. McKinsey & Company.

Bahr, I. (2023): Studie zum Einsatz generativer KI in Unternehmen. https://www.capterra.com.de/blog/4122/generative-ki-in-unternehmen-studie.

Banholzer, M.; McClain, J.; Fletcher, B.; LaBerge, L. (2023): Companies with innovative cultures have a big edge with generative AI. Hg. v. McKinsey & Company.

Braithwaite, C. (2023): 5 unmissable lessons from an AI marketing leader. https://aimarketingschool.beehiiv.com/p/5-unmissable-lessons-ai-marketing-leader.

Brinker, M.; Kelly, J. (2023): Gen AI powers content marketing advantage for early adopters. Hg. v. Deloitte Digital.

Bünte, C. (2023): Studie: Künstliche Intelligenz – die Zukunft des Marketings 2023. Studienwelle 4 – Status Quo und ein halbes Jahrzehnt im Vergleich.

Caserta, J.; Harreis, H.; Rowshankish, K.; Srinidhi, N.; Tavakoli, A. (2023): The data dividend: Fueling generative AI. Hg. v. McKinsey Digital.

Chui, M.; Roberts, R.; Rodchenko, T.; Singla, A.; Sukharevsky, A.: Yee, L.; Zurkiya, D. (2023): What every CEO should know about generative AI. Hg. v. McKinsey Digital.

Davenport, T. H.; Guha, A.; Grewal, D. (2021): How to Design an AI Marketing Strategy. In: *Harvard Business Review* 99 (Juli/August). https://hbr.org/2021/07/how-to-design-an-ai-marketing-strategy.

Deveau, R.; Griffin, S.; Reis, S. (2023): AI-powered marketing and sales AI-powered marketing and sales reach new heights with generative AI. Hg. v. McKinsey & Company.

Durth, S.; Hancock, B.; Maor, D.; Sukharevsky, A. (2023): The organization of the future: Enabled by gen AI, driven by people. Hg. v. McKinsey & Company.

Dwivedi, Yogesh K.; Kshetri, Nir; Hughes, Laurie; Slade, Emma Louise; Jeyaraj, Anand; Kar, Arpan Kumar et al. (2023): Opinion Paper: "So what if ChatGPT wrote it?" Multidisciplinary perspectives on opportunities, challenges and implications of generative conversational AI for research, practice and policy. In: *International Journal of Information Management* 71, S. 102642. https://doi.org/10.1016/j.ijinfomgt.2023.102642.

Ellingrud, K.; Sanghvi, S.; Fusaro, R.; Rahilly, L. (2023): Generative AI: How will it affect future jobs and workflows. Hg. v. McKinsey Global Institute.

Frank, A.; Greene, N. D. (2023): Beyond the Hype: The Impact of Generative AI on Marketing. Hg. v. Gartner.

B. Wecke, *Generative KI als neues Teammitglied im Marketing*, essentials, https://doi.org/10.1007/978-3-658-44179-1

Fritzl, M.; Pavlovic, N. (2023): Generative KI im Marketing: Vorteile, Anwendungsfälle und Herausforderungen. https://netconomy.net/de/blog/generative-ki-marketing-vorteile-use-cases-herausforderungen-risiken/.

Gartner (Hg.) (2022a): Chief Marketing Officer Leadership Vision 2022. 3 Strategic Actions for Success.

Gartner (Hg.) (2022b): Use Generative AI to Enhance Content and Customer Experience.

Gartner (Hg.) (2023): Future-Proof Your Marketing Organization to Outpace Competition. Build the right foundation to support sustainable growth.

Hanway, D. (2023): Wahrnehmung und Nutzung generativer KI im Onlinemarketing aus der Perspektive von Marketingexpert:innen. IU Internationale Hochschule.

Hasso-Plattner-Institut (o. D.): Die sechs Schritte im Design Thinking Innovationsprozess. https://hpi.de/school-of-design-thinking/design-thinking/hintergrund/design-thinking-prozess.html.

Hellfritz, K. H. (2023): Generative Artificial Intelligence in der Unternehmenspraxis 2023. Hg. v. Deutsche Gesellschaft für Personalführung e. V.

IBM Institute for Business Value (Hg.) (2023): CEO decision-making in the age of AI. Act with intention. https://www.ibm.com/thought-leadership/institute-business-value/en-us/c-suite-study/ceo.

IBM iX (Hg.) (2023): Generative KI: Neue Horizonte der Digital Experience. Transformationspotenziale in Marketing, Sales und Service erschließen. https://ibmix.de/generative-ki-whitepaper.

Juniper Networks (Hg.) (2022): AI adoption is accelerating – now what? https://www.juniper.net/content/dam/www/assets/additional-resources/us/en/juniper-ai-research-paper-2022.pdf.

Katzin, J.; Beaudin, L.; Waldron, M. (2023): Ready for Launch: How Gen AI Is Already Transforming Marketing. https://www.bain.com/insights/ready-for-launch-how-gen-ai-is-already-transforming-marketing/?utm_source=aimarketingschool.beehiiv.com&utm_medium=newsletter&utm_campaign=how-to-get-chatgpt-to-mimic-your-exact-writing-style.

Kowalczyk, P.; Röder, M.; Thiesse, F. (2023): Nudging Creativity in Digital Marketing with Generative Artificial Intelligence: Opportunities and Limitations. In: *ECIS 2023 Research-in-Progress Papers* (22).

Lempke, G. (2023): Personalisierten Content mit KI erstellen. Online verfügbar unter https://plus.marketing-boerse.de/fachartikel/details/2309-erstellung-von-personalisiertem-content-mit-ki/189854.

Marketing AI Institute (Hg.) (2023): 2023 - State of Marketing AI Report. https://www.marketingaiinstitute.com/2023-state-of-marketing-ai-report.

McKinsey Digital (Hg.) (2023): Technology Trends Outlook 2023. https://www.mckinsey.com/~/media/mckinsey/business%20functions/mckinsey%20digital/our%20insights/mckinsey%20technology%20trends%20outlook%202023/mckinsey-technology-trends-outlook-2023-v5.pdf.

MIT Technology Review (Hg.) (2021): Building a high-performance data and AI organization. https://www.technologyreview.com/2021/04/15/1022754/building-a-high-performance-data-and-ai-organization/.

Mondal, Subhra; Das, Subhankar; Vrana, Vasiliki G. (2023): How to Bell the Cat? A Theoretical Review of Generative Artificial Intelligence towards Digital Disruption in All Walks of Life. In: *Technologies* 11 (2), S. 44. https://doi.org/10.3390/technologies11020044.

Ratajczak, D.; Kropp, M.; Palumbo, S.; Bellefonds, N. de; Apotheker, J.; Willersdorf, S.; Paizanis, G. (2023): How CMOs Are Succeeding with Generative AI. https://www.bcg.com/publications/2023/generative-ai-in-marketing?utm_source=aimarketingschool.bee hiiv.com&utm_medium=newsletter&utm_campaign=5-unmissable-lessons-from-an-ai-marketing-leader.

Reese, H. A.; Mükusch, C. (2023): KI - Gekommen um zu bleiben. Risiken im Umgang mit generativer KI adressieren, Wettbewerbsfähigkeit stärken und digitale Souveränität sichern. Hg. v. PWC. https://www.pwc.de/de/risk-regulatory/responsible-ai/ki-gek ommen-um-zu-bleiben.html.

Schmitt, H. (2023): ChatGPT erhöht die Produktivität der Wissensarbeiter um 35%. https://www.netzoekonom.de/2023/03/08/chatgpt-erhoeht-produktivitaet-der-wissensarbeiter-um-35-prozent/.

Wecke, Bernhard (2022): Künstliche Intelligenz in Marketingorganisationen. Eine Mehrfallstudie zur Identifikation von Barrieren und Einflussfaktoren bei der Einführung und Nutzung von Künstlicher Intelligenz. Auflage. Hamburg: Kovac, Dr. Verlag (Schriftenreihe Innovative Betriebswirtschaftliche Forschung und Praxis, 558).

Yu-Chun-Chang, P.; Pflugfelder, B. (2023): A Guide for Large Language Model Make-or-Buy Strategies: Business and Technical Insights. Hg. v. Initiative for applied artificial intelligence.